ÁPIS DIVERTIDO

LÍNGUA PORTUGUESA

1º ANO

Ensino Fundamental

◆ ESTE MATERIAL PODERÁ SER DESTACADO E USADO PARA AUXILIAR O ESTUDO DE ALGUNS ASSUNTOS VISTOS NO LIVRO.

NOME: _____ TURMA: _____

ESCOLA: _____

editora ática

BINGO DE PALAVRAS

DESTAQUE ESTAS PALAVRAS E AS CARTELAS DA PÁGINA SEGUINTE. VOCÊ USARÁ ESSE MATERIAL NO **BINGO DE PALAVRAS** DA UNIDADE 14 DO SEU LIVRO.

FERRO	CARA	CARRETO	SURRA
RATO	AROMA	ABÓBORA	REGATO
REMO	BARATA	CORRIDA	RIO
AMORA	RUA	TORRE	FORRO
ROMA	TORRADA	ROSA	AMARELO
CARRO	RODA	VARETA	MARRECO
RISO	BORRADO	RUGA	CARETA
GAROTA	RIMA	MAROTO	BERRO

Reprodução proibida. Artigo 184 do Código Penal e Lei 9 610, de 19/2/1998.

TRÊS

BINGO BINGO BINGO BINGO

BINGO BINGO BINGO BINGO

BINGO BINGO BINGO BINGO

BINGO BINGO BINGO BINGO

BINGO BINGO BINGO BINGO

BINGO BINGO BINGO BINGO

BINGO BINGO BINGO BINGO

BINGO BINGO BINGO BINGO

BINGO DE PALAVRAS

BINGO 1

| R_____ | ____R____ | ____RR____ |
| ____R____ | ____RR____ | R_____ |

BINGO 2

| ____R____ | R_____ | R_____ |
| ____RR____ | ____R____ | R_____ |

BINGO 3

| ____RR____ | R_____ | ____R____ |
| ____R____ | ____R____ | ____RR____ |

CINCO 5

BINGO

BINGO

BINGO

 **DADO**

DESTAQUE E DOBRE O DADO A SEGUIR. VOCÊ VAI USÁ-LO NA **TRILHA DO JACARÉ** DA UNIDADE 9 DO SEU LIVRO.

LEGENDA:

_____
DOBRE.

COLE.

SETE 7

ALFABETO MÓVEL

A B C D E F
G H I J K L
M N O P Q R
S T U V W X
Y Z A B C D

Reprodução proibida. Artigo 184 do Código Penal e Lei 9.610, de 19/2/1998.

NOVE 9

ALFABETO MÓVEL

f	e	d	c	b	a
l	k	j	i	h	g
r	q	p	o	n	m
x	w	v	u	t	s
d	c	b	a	z	y

DEZ

ALFABETO MÓVEL

E F G H I J

K L M N O P

Q R S T U V

W X Y Z A A

A Ã Ã Á Á Â

Reprodução proibida. Artigo 184 do Código Penal e Lei 9.610, de 19/2/1998.

ONZE 11

ALFABETO MÓVEL

j	i	h	g	f	e
p	o	n	m	l	k
v	u	t	s	r	q
a	a	z	y	x	w
â	á	á	ã	ã	a

DOZE

ALFABETO MÓVEL

Â Ã E E E É
É Ê Ê I I I
Í Í O O O Õ
Õ Ó Ó Ô Ô U
U U Ú Ú Ç Ç

ALFABETO MÓVEL

é	e	e	e	à	â
i	i	i	ê	ê	é
õ	o	o	o	í	í
u	ô	ô	ó	ó	õ
ç	ç	ú	ú	u	u

ALFABETO MÓVEL: LETRAS CURSIVAS

A B C D

E F G H

I J K L

M N O P

Q R S T

Reprodução proibida. Artigo 184 do Código Penal e Lei 9 610, de 19/2/1998.

QUINZE 15

ALFABETO MÓVEL: LETRAS CURSIVAS

ALFABETO MÓVEL: LETRAS CURSIVAS

ALFABETO MÓVEL: LETRAS CURSIVAS

ALFABETO MÓVEL: LETRAS CURSIVAS

Ê   ȷ   ȷ   ȷ́

ȷ́   ○   ○   õ

õ   ó   ó   ô

ô   u   u   ú

ú   Ç   Ç   Ç

ALFABETO MÓVEL: LETRAS CURSIVAS

SILABÁRIO EM JOGO

DESTAQUE AS SÍLABAS E FORME PALAVRAS.

CI	DI	GA	HA	JO	LO	NE
CE	DE	FU	GUI	JI	LI	NA
CA	DA	FO	GUE	JE	LE	MU
BU	ÇU	FI	GUA	JA	LA	MO
BO	ÇO	FE	GU	HU	KI	MI
BI	ÇA	FA	GO	HO	KE	ME
BE	CU	DU	GI	HI	KA	MA
BA	CO	DO	GE	HE	JU	LU

Reprodução proibida. Artigo 184 do Código Penal e Lei 9.610, de 19/2/1998.

VINTE E UM — 21

SILABÁRIO EM JOGO

DESTAQUE AS SÍLABAS E FORME PALAVRAS.

PU	RU	TI	XA	ZO	LHE	NHU
PO	RO	TE	VU	ZI	LHA	NHO
PI	RI	TA	VO	ZE	CHU	NHI
PE	RE	SU	VI	ZA	CHO	NHE
PA	RA	SO	VE	XU	CHI	NHA
NU	QUI	SI	VA	XO	CHE	LHU
NO	QUE	SE	TU	XI	CHA	LHO
NI	QUA	SA	TO	XE	ZU	LHI

VINTE E TRÊS

Reprodução proibida. Artigo 184 do Código Penal e Lei 9.610, de 19/2/1998.

PALAVRAS E SINAIS DE PONTUAÇÃO

DESTAQUE AS PEÇAS E FORME FRASES.

.	UMA	UM	A	O
DE	:	?	!	,
DE	FALEI	PARA	COM	CONVERSEI
NA	JOGAMOS	MORO	NO	EM
HOJE	DANÇOU	ONTEM	BRINQUEI	ATÉ
MUITO	BOLA	MEU	ÁRVORE	IRMÃO
PROFESSOR	EU	CARRO	GATO	POUCO

Reprodução proibida. Artigo 184 do Código Penal e Lei 9.610, de 19/2/1998.

,	UMAS	UNS	AS	OS
DA	—	!	?	.
DO	FALOU	POR	SEM	.
NAS	JOGUEI	MOROU	NOS	ATÉ
AGORA	DANÇAMOS	AMANHÃ	BRINCAMOS	EM
MUITOS	BOLAS	MINHA	ÁRVORES	IRMÃ
PROFESSORA	NÓS	CASA	GATA	POUCOS

PALAVRAS

DESTAQUE AS PEÇAS E FORME FRASES.

ELE	SOU	FICAMOS	ELA	VOCÊ
DESENHEI	MENINA	APARECEMOS	MENINO	SAIU
CANSADO	TRISTE	GRANDE	PEQUENO	ALTO
BAIXO	DOENTE	ALEGRE	BONITO	ANIVERSÁRIO
AVÔ	BALÃO	SOL	AVÓ	MÃE
PAI	JOÃO	TATIANA	FIZ	LEMBRO
DORMIU	LEU	NÓS	ACORDAMOS	CACHORRO

Reprodução proibida. Artigo 184 do Código Penal e Lei 9.610, de 19/2/1998.

VINTE E SETE

VOCÊS	ELAS	FIQUEI	ESTOU	ELES
SAÍRAM	MENINOS	APARECEU	MENINAS	DESENHAMOS
ALTOS	PEQUENOS	GRANDES	TRISTES	CANSADOS
FESTA	BONITOS	ALEGRES	DOENTES	BAIXOS
AVÓ	MÃE	LUA	BALÕES	PAI
LEMBREI	FAÇO	ARIEL	MELISSA	AVÔ
CACHORRA	ACORDO	EU	LI	DURMO

JOGO 1

CIRANDA DA MEMÓRIA

USE ESTAS CARTAS PARA BRINCAR COM A **CIRANDA DA MEMÓRIA**.

AVIÃO	BOMBOM	CEREJA	SEREIA
LANCHE	GATO	COBRA	TRATOR
PIPOCA	CENOURA	RALADOR	PÉROLA
BANANA	FOLHA		

Reprodução proibida. Artigo 184 do Código Penal e Lei 9 610, de 19/2/1998.

VINTE E NOVE 29

CIRANDA DA MEMÓRIA   CIRANDA DA MEMÓRIA   CIRANDA DA MEMÓRIA   CIRANDA DA MEMÓRIA

CIRANDA DA MEMÓRIA   CIRANDA DA MEMÓRIA   CIRANDA DA MEMÓRIA   CIRANDA DA MEMÓRIA

CIRANDA DA MEMÓRIA   CIRANDA DA MEMÓRIA   CIRANDA DA MEMÓRIA   CIRANDA DA MEMÓRIA

CIRANDA DA MEMÓRIA   CIRANDA DA MEMÓRIA

CIRANDA DA MEMÓRIA

USE ESTES CARTÕES PARA BRINCAR COM A **CIRANDA DA MEMÓRIA**.

TRINTA E UM 31

CIRANDA DA MEMÓRIA

CIRANDA DA MEMÓRIA

CIRANDA DA MEMÓRIA

CIRANDA DA MEMÓRIA

CIRANDA DA MEMÓRIA

CIRANDA DA MEMÓRIA

CIRANDA DA MEMÓRIA

CIRANDA DA MEMÓRIA

CIRANDA DA MEMÓRIA

CIRANDA DA MEMÓRIA

CIRANDA DA MEMÓRIA

CIRANDA DA MEMÓRIA

CIRANDA DA MEMÓRIA

CIRANDA DA MEMÓRIA

JOGO 2

BINGO ANIMADO

USE ESTAS CARTAS PARA BRINCAR COM O **BINGO ANIMADO**.

ANIMAL QUE ENCONTRAMOS NO MAR.	NOME DA MORADIA DO INDÍGENA.	OBJETO QUE MARCA O TEMPO.
MEIO DE TRANSPORTE AQUÁTICO.	ACESSÓRIO USADO NO PESCOÇO PARA AQUECER QUANDO FAZ FRIO.	INSETO EM QUE A LAGARTA SE TRANSFORMA COM O PASSAR DO TEMPO.
GULOSEIMA GELADA QUE DERRETE.	OBJETO DE FORMA CIRCULAR USADO PARA SORTEAR CARA OU COROA.	OBJETO USADO PARA HIGIENE DA BOCA.
OBJETO UTILIZADO PELOS AGRICULTORES E JARDINEIROS.	COMEÇA COM **MACA** E TERMINA COM **CÃO**.	ESTÁ NO COMEÇO DE **LUA** E NO FIM DE **SOL**.
LOCAL DA CIDADE ONDE OS CARROS CIRCULAM.	OBJETO QUE TEM A FORMA DE UM CUBO.	FRUTO DO CAJUEIRO.
INSTRUMENTO MUSICAL TRIANGULAR.	EQUIPAMENTO UTILIZADO PARA COZINHAR OS ALIMENTOS.	FRUTO DO LIMOEIRO.
ALIMENTO QUE TEM FORMA CIRCULAR E É DE ORIGEM ITALIANA.	MEIO DE TRANSPORTE DE DUAS RODAS.	FRUTO DA MACIEIRA.

TRINTA E TRÊS

BINGO ANIMADO

BINGO ANIMADO

BINGO ANIMADO

BINGO ANIMADO

BINGO ANIMADO

BINGO ANIMADO

BINGO ANIMADO

BINGO ANIMADO

BINGO ANIMADO

BINGO ANIMADO

BINGO ANIMADO

BINGO ANIMADO

BINGO ANIMADO

BINGO ANIMADO

BINGO ANIMADO

BINGO ANIMADO

BINGO ANIMADO

BINGO ANIMADO

BINGO ANIMADO

BINGO ANIMADO

BINGO ANIMADO

BINGO ANIMADO

USE ESTAS CARTAS PARA BRINCAR COM O **BINGO ANIMADO**.

NÚMERO DE DIAS DA SEMANA.	COMEÇA COM **CAMA** E TERMINA COM **LEÃO**.	LUGAR ONDE OS PÁSSAROS BOTAM OVOS.
REFEIÇÃO FRIA COMPOSTA DE LEGUMES E VERDURAS.	COMEÇA COM **COR** E TERMINA COM **AÇÃO**.	NÚMERO DE MESES DO ANO.
PARTE DO CORPO EM QUE SE INICIA O CONSUMO DOS ALIMENTOS.	OBJETO DE FORMA RETANGULAR ONDE SE COLOCAM CARTAS.	OBJETO COM O QUAL SE MEDE O PESO.
OBJETO POR ONDE SAI A ÁGUA ENCANADA.	PEÇA USADA PARA SE SECAR APÓS O BANHO.	

BINGO ANIMADO

BINGO ANIMADO

BINGO ANIMADO

BINGO ANIMADO

BINGO ANIMADO

BINGO ANIMADO

BINGO ANIMADO

BINGO ANIMADO

BINGO ANIMADO

BINGO ANIMADO

BINGO ANIMADO

BINGO ANIMADO

USE ESTAS PEÇAS PARA BRINCAR COM O **BINGO ANIMADO**.

ENVELOPE DIVERTIDO

DESTAQUE E MONTE ESTE ENVELOPE PARA GUARDAR TODOS OS CARTÕES E PEÇAS DESTE SEU **ÁPIS DIVERTIDO**.

LEGENDA:

DOBRE.

COLE.

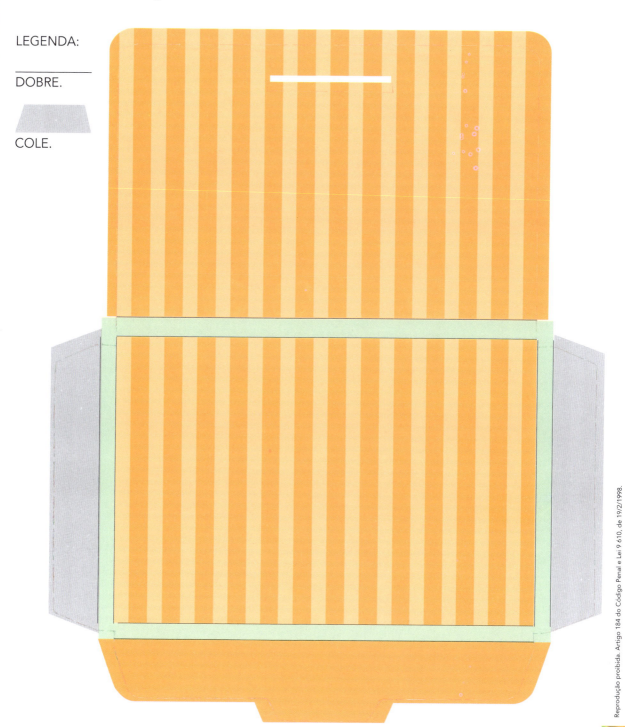

TRINTA E NOVE 39

JOGO 1

🍊 CIRANDA DA MEMÓRIA

QUANTIDADE DE JOGADORES

- 2 OU 3 JOGADORES

MODO DE JOGAR

- DESTAQUE AS PEÇAS DAS PÁGINAS 29 E 31.
- COLOQUE OS CARTÕES NOS ESPAÇOS RESERVADOS DO TABULEIRO, TODOS COM A IMAGEM VIRADA PARA CIMA.
- COLOQUE AS CARTAS DE PALAVRAS VIRADAS PARA BAIXO, NO CENTRO.
- PUXE UMA CARTA DO CENTRO E LEIA A PALAVRA.
- ENCONTRE A ILUSTRAÇÃO QUE CORRESPONDE À PALAVRA ESCRITA NA CARTA, FORMANDO UM PAR.
- SE ACERTAR, FIQUE COM O PAR ENCONTRADO. SE ERRAR, DEVOLVA A CARTA AO MONTE E PASSE A VEZ PARA OUTRO JOGADOR.
- GANHA A PARTIDA QUEM CONSEGUIR FORMAR MAIS PARES.

JOGO 1

 ## CIRANDA DA MEMÓRIA

QUANTIDADE DE JOGADORES
- 2 OU 3 JOGADORES

MODO DE JOGAR
- DESTAQUE AS PEÇAS DAS PÁGINAS 29 E 31.
- COLOQUE OS CARTÕES NOS ESPAÇOS RESERVADOS DO TABULEIRO, TODOS COM A IMAGEM VIRADA PARA CIMA.
- COLOQUE AS CARTAS DE PALAVRAS VIRADAS PARA BAIXO, NO CENTRO.
- PUXE UMA CARTA DO CENTRO E LEIA A PALAVRA.
- ENCONTRE A ILUSTRAÇÃO QUE CORRESPONDE À PALAVRA ESCRITA NA CARTA, FORMANDO UM PAR.
- SE ACERTAR, FIQUE COM O PAR ENCONTRADO. SE ERRAR, DEVOLVA A CARTA AO MONTE E PASSE A VEZ PARA OUTRO JOGADOR.
- GANHA A PARTIDA QUEM CONSEGUIR FORMAR MAIS PARES.

JOGO 2

 BINGO ANIMADO

QUANTIDADE DE JOGADORES

- A SALA TODA.

MODO DE JOGAR

- DESTAQUE AS IMAGENS DA PÁGINA 37. COLE-AS EM SUAS CARTELAS NA ORDEM EM QUE PREFERIR.
- DESTAQUE TAMBÉM AS CARTAS COM AS DICAS, QUE ESTÃO NAS PÁGINAS 33 E 35, E O ENVELOPE, QUE ESTÁ NA PÁGINA 39.
- MONTE O ENVELOPE PARA GUARDAR AS PEÇAS NO FIM DO JOGO.
- A PROFESSORA SORTEIA AS DICAS E LÊ CADA UMA DELAS PARA OS ALUNOS. TODOS MARCAM NAS CARTELAS AS ILUSTRAÇÕES CORRESPONDENTES.
- GRITA "BINGO!" AQUELE QUE PREENCHER UMA DAS CARTELAS PRIMEIRO, SENDO O VENCEDOR DO JOGO.

CADERNO DE ATIVIDADES

LÍNGUA PORTUGUESA

1º ANO
Ensino Fundamental

NOME: _____ TURMA: _____
ESCOLA: _____

editora ática

Sumário

PARTE 1

LETRAS EM JOGO, 3

VOGAIS, 3

PALAVRAS EM JOGO: B/P, D/T, F/V, C, G, J, L, M, N, H, R, S, X, Z, Q, K/W/Y, 5-22

PARTE 2

TRAMAS E TRAÇADOS, 23-51

TRAÇADO DAS LETRAS, 24-49

DESAFIO, 52-56

🍊 LETRAS EM JOGO

● OBSERVE OS NOMES DO QUADRO E RESPONDA: QUAL DELES CABE EM CADA CRACHÁ?

| MURILO | SARA | ANA | JULIA |

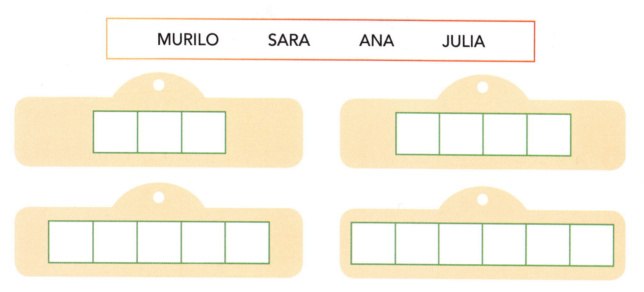

🍊 VOGAIS

1 ESTA É A CAPA DE UM LIVRO DE HISTÓRIAS.

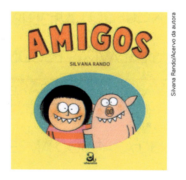

A) ENCONTRE NOS QUADROS A MESMA PALAVRA QUE APARECE NO TÍTULO DESSE LIVRO. DEPOIS, PINTE.

| JUCA | SORAIA | AMIGOS | LICEA |

B) A PALAVRA QUE VOCÊ PINTOU TEM: ☐ LETRAS.

C) EM QUANTOS PEDAÇOS OU SÍLABAS FALAMOS A PALAVRA QUE VOCÊ PINTOU? ☐ SÍLABAS.

2 UTILIZE AS VOGAIS PARA COMPLETAR O NOME DE CADA PERSONAGEM.

| I | O | U | E | A |

P___T___C___   B___D___   M___N___C___   P___T___T___

3 DESCUBRA O NOME DE UM BRINQUEDO COMPLETANDO A **CRUZADINHA**.

GRITO DE DOR → A

SAUDAÇÃO → I

NOME DE MENINO → V O

PAI DA MINHA MÃE → A V

ESCREVA O NOME DO BRINQUEDO QUE VOCÊ DESCOBRIU: _____

4 ENCONTRE NO QUADRO 6 PALAVRAS ESCONDIDAS.

A	B	A	C	A	T	E	Z	N
M	A	P	A	G	U	L	A	M
B	O	I	E	R	B	G	O	L
T	U	D	O	Z	I	A	Z	T

AGORA, ESCREVA:

A) A PALAVRA QUE TEM MAIS VOGAIS:

_____

B) A PALAVRA QUE TEM MENOS VOGAIS:

_____

PALAVRAS EM JOGO

1 FAÇA A LEITURA DAS PALAVRAS E PINTE OS ☐ DE ACORDO COM A QUANTIDADE DE SÍLABAS OU PEDAÇOS DE CADA PALAVRA.

BANANA ☐ ☐ ☐ ☐ ☐

BELA ☐ ☐ ☐ ☐

BOLO ☐ ☐ ☐ ☐

2 COMPLETE AS PALAVRAS COM AS SÍLABAS DO QUADRO, DE ACORDO COM AS IMAGENS.

| BO | BA | BU | BE | BI |

_____ L A   _____ X I G A   _____ L E

3 UTILIZE AS LETRAS **B** OU **P** PARA COMPLETAR AS PALAVRAS. DESCUBRA OS NOMES E LIGUE AO OBJETO A QUE SE REFEREM.

_____ A Ú

_____ I P A

A _____ I T O

 **PALAVRAS EM JOGO**

1 DANIELA ESTAVA FORMANDO PALAVRAS COM O SILABÁRIO. BATEU UM VENTO FORTE E AS SÍLABAS FICARAM MISTURADAS.

DE	BA	DO	PI	TU	PO	PA
TE	BO	PU	DA	BE	PE	I	BI
DI	U	TO	TA	TI	A	E

A) USE O SILABÁRIO E AJUDE DANIELA A FORMAR PALAVRAS OUTRA VEZ. ESCREVA ABAIXO 4 DAS PALAVRAS FORMADAS.

_____

_____

B) TREINE EM VOZ ALTA A LEITURA DAS PALAVRAS PARA LER NA SALA DE AULA.

2 JÁ IMAGINOU UMA SALA DE AULA COM BICHOS?
VAMOS PRECISAR DE UMA LISTA DE CHAMADA EM ORDEM ALFABÉTICA. AJUDE A PROFESSORA E COLOQUE OS NOMES DO QUADRO EM ORDEM ALFABÉTICA.

| BODE | TATU | ANTA |
| PATA | TIGRE | DONINHA |

Ilustrações: Silvana Rando/Arquivo da editora

CONSULTE O ALFABETO A SEGUIR.

| A | B | C | D | E | F | G | H | I | J | K | L | M |
| N | O | P | Q | R | S | T | U | V | W | X | Y | Z |

1. _____   4. _____

2. _____   5. _____

3. _____   6. _____

PALAVRAS EM JOGO

1 FAÇA A LEITURA DAS PALAVRAS A SEGUIR.

| ELEFANTE | FOCA | VESPA |
| VACA | CAVALO | GOLFINHO |

COMPLETE CADA QUADRO COM O NOME DE UM ANIMAL, DE ACORDO COM A DICA.

DICA: OBSERVE A QUANTIDADE DE LETRAS E AS IMAGENS ACIMA.

4 LETRAS
_____

8 LETRAS
_____

2 UTILIZE AS SÍLABAS DO QUADRO PARA FORMAR O MAIOR NÚMERO DE PALAVRAS QUE CONSEGUIR.

| FI | FO | VE | I | CA | A |
| O | VO | VA | VI | TA | PA |

_____ _____

_____ _____

_____ _____

_____ _____

PALAVRAS EM JOGO

1 CIRCULE A LETRA C EM CADA PALAVRA DO QUADRO.

| MARACATU | ALICATE | MOCOTÓ |
| COCADA | MACACO | CACAU |

2 USE AS SÍLABAS DO QUADRO PARA COMPLETAR AS PALAVRAS. DEPOIS, LIGUE A PALAVRA FORMADA À FIGURA CORRESPONDENTE.

CA   CU   CO

____ PO

____ SA

____ CO

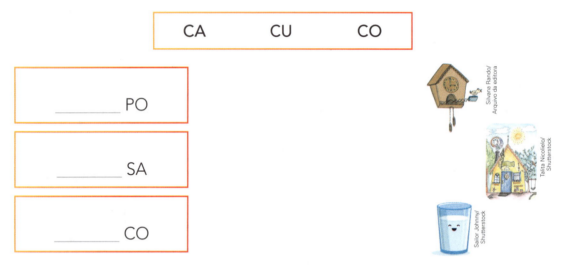

3 SIGA AS PISTAS DAS SÍLABAS PARA DESCOBRIR A PALAVRA SECRETA.

CIGARRA	DADO	BODE
SÍLABA 1	SÍLABA 1	SÍLABA 2
CI	____	____

QUE PALAVRA VOCÊ DESCOBRIU? ESCREVA NA LINHA A SEGUIR.

_____

4 PINTE AS SÍLABAS PARA FORMAR O MAIOR NÚMERO DE PALAVRAS. USE UMA COR DIFERENTE PARA MOSTRAR CADA PALAVRA FORMADA.

| CO | NE | TE | CE | PO | RE | CA |
| TA | TO | PA | PI | LA | CE | JA | O |

PALAVRAS EM JOGO

1 DESEMBARALHE AS LETRAS DOS QUADROS E DESCUBRA AS PALAVRAS. DEPOIS, ESCREVA CADA PALAVRA QUE VOCÊ DESCOBRIU.

_____   _____   _____

2 FAÇA A LEITURA DAS SÍLABAS DO QUADRO.

| GA | GO | GU |

AGORA, COMPLETE AS PALAVRAS COM AS SÍLABAS. EM SEGUIDA, LIGUE CADA PALAVRA AO DESENHO CORRESPONDENTE.

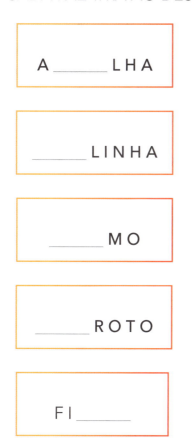

3 OBSERVE O QUADRO E AS IMAGENS ABAIXO. QUAIS LETRAS ESTÃO FALTANDO EM CADA PALAVRA? COMPLETE COM AS SÍLABAS DO QUADRO. PRESTE ATENÇÃO NO SOM DE CADA SÍLABA.

| GA | GE | GU | GO | GI |

_____ R A F A   _____ L O   _____ L O

_____ R A S S O L   F O _____   _____ L A D E I R A

4 ESCREVA AS PALAVRAS DA ATIVIDADE 3 DE ACORDO COM O SOM DAS SÍLABAS.

PALAVRAS COM O SOM IGUAL AO DE: GATO GOMO GUDE	PALAVRAS COM O SOM IGUAL AO DE: MÁGICO GEMA

PALAVRAS EM JOGO

1 ORGANIZE AS PALAVRAS PARA DESCOBRIR O NOME DE CADA ANIMAL. DEPOIS, LIGUE O NOME À FIGURA CORRESPONDENTE.

I B U A T J
_____

C A É J R A
_____

A I B I J O
_____

A C J O U R
_____

2 JUNTE AS SÍLABAS DA MESMA COR PARA DESCOBRIR O NOME DAS FRUTAS.

JA	CA	RAN
BA	LA	JA	BU	CA
CA	JA	JU	TI

QUAIS NOMES VOCÊ DESCOBRIU? ESCREVA NAS LINHAS A SEGUIR.

_____   _____

_____   _____

PALAVRAS EM JOGO

1 FAÇA A LEITURA DA QUADRINHA.

LUA DE PRATA
PRESA EM CETIM
BRILHAS TÃO LINDA
LONGE DE MIM...

DISPONÍVEL EM: <WWW.DOMINIOPUBLICO.GOV.BR/DOWNLOAD/TEXTO/ME000588.PDF>.
ACESSO EM: 2 ABR. 2020.

QUAIS PALAVRAS DO POEMA COMEÇAM COM A LETRA L?

_____

2 OBSERVE AS IMAGENS E REESCREVA AS PALAVRAS ACRESCENTANDO A LETRA L.

PACA

FECHA

BICICETA

_____   _____   _____

3 TRANSFORME AS PALAVRAS SEGUINDO O MODELO.

FALA → FALHA

MALA → _____   TELA → _____

BOLA → _____   FILA → _____

LEIA COM ATENÇÃO AS PALAVRAS DAS 2 COLUNAS PARA NÃO ERRAR!

PALAVRAS EM JOGO

1 FAÇA A LEITURA. SE TIVER DIFICULDADE, PEÇA A UM ADULTO QUE LEIA COM VOCÊ.

MACACO

UM MACACO
TÃO MALUCO
METE MEDO
NO MATUTO.
UM MACACO
TÃO MATREIRO
METE MEDO
NO MINEIRO.
UM MACACO
TÃO MANHOSO
METE MEDO
NO MEDROSO…

RUTH ROCHA. **PALAVRAS, MUITAS PALAVRAS…** SÃO PAULO: QUINTETO EDITORIAL, 2013.

LIGUE AS PALAVRAS QUE RIMAM NO POEMA.

MALUCO	MEDROSO
MATREIRO	MINEIRO
MANHOSO	MATUTO

2 SEPARE AS SÍLABAS DAS PALAVRAS NOS ☐.

MACACO ☐ ☐ ☐ ☐

MALUCO ☐ ☐ ☐ ☐

MEDO ☐ ☐ ☐ ☐

MATUTO ☐ ☐ ☐ ☐

QUAL PALAVRA TEM MENOS SÍLABAS DO QUE AS OUTRAS?

_____

3 SEPARE AS SÍLABAS INDICADAS ABAIXO. USE O SILABÁRIO.

FORME O MAIOR NÚMERO DE PALAVRAS QUE CONSEGUIR E ESCREVA-AS NAS LINHAS SEGUINTES.

DICA: SÓ VALEM PALAVRAS COM 3 SÍLABAS.

| MA | CO | GA | TO | DO | TE | MI |

| LA | DA | PA | LHA | LÃO | MÃO | BA | A |

| E | PI | TA | CA | GE | DO | CÃO |

_____

_____

_____

4 TRANSFORME AS PALAVRAS SEGUINDO O MODELO.

TAPA ⟶ TAMPA

BOBA ⟶ _____   SOBRA ⟶ _____

PALAVRAS EM JOGO

1 QUAL PALAVRA RESPONDE A CADA ADIVINHA? DESCUBRA E ESCREVA A RESPOSTA.

O QUE É, O QUE É...

A) ... QUE A FORMIGA TEM MAIOR DO QUE O BOI?

_____

B) ... QUE, QUANTO MAIS A GENTE PERDE, COM MAIS A GENTE FICA?

_____

2 PREENCHA A **CRUZADINHA** E DESCUBRA A PALAVRA QUE SERÁ FORMADA NOS QUADRINHOS VERDES.

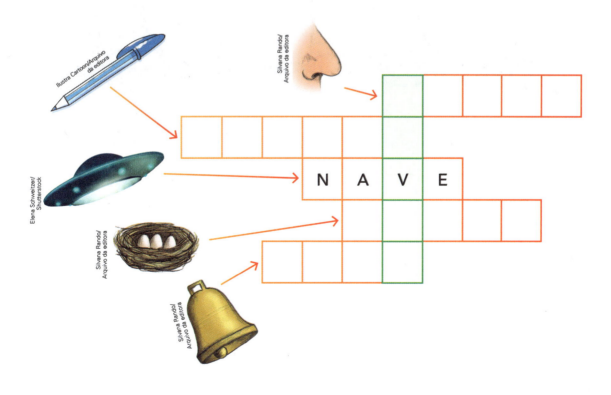

QUAL PALAVRA VOCÊ DESCOBRIU? _____

PALAVRAS EM JOGO

● DESCUBRA AS 6 PALAVRAS ESCONDIDAS NO HIPOPÓTAMO.

DICA: HÁ PALAVRAS NA HORIZONTAL E NA VERTICAL, E TODAS COMEÇAM COM A LETRA **H**.

A) QUAL PALAVRA SE REPETE? ESCREVA-A NO QUADRO A SEGUIR.

B) QUANTAS SÍLABAS TEM A PALAVRA QUE VOCÊ ESCREVEU ACIMA?

C) AGORA, COPIE AS OUTRAS PALAVRAS QUE VOCÊ ENCONTROU NO HIPOPÓTAMO.

PALAVRAS EM JOGO

1 MUDE OU SUBSTITUA AS VOGAIS DA PALAVRA **RATO** PARA DESCOBRIR OUTRAS PALAVRAS.

A) VEJA O EXEMPLO. CONTINUE ESCREVENDO QUANTAS NOVAS PALAVRAS VOCÊ CONSEGUIR.

ROTA _____

_____

B) FAÇA A LEITURA DAS PALAVRAS QUE VOCÊ CONSEGUIU DESCOBRIR.

2 LEIA O POEMA.

RECO-RECO

RASPA, RASPA,
RECO-RECO,
RASPA O AR
E RESTA O QUÊ?
RESTA UM RITMO
ARRASTADO,
RESTA UM ROSTO
ARREPIADO
E, ARRISCANDO,
RESTA UM RASTRO
DE SORRISO
PRA VOCÊ.

LEONARDO CUNHA E ELIARDO FRANÇA. **CLAVE DE LUA**. SÃO PAULO: PAULINAS, 2001.

COPIE DO TEXTO, NAS COLUNAS ADEQUADAS, 2 PALAVRAS DE CADA TIPO.

R- NO INÍCIO	-RR- NO MEIO	-R- INTROMETIDO ENTRE CONSOANTE E VOGAL

PALAVRAS EM JOGO

1 COMPLETE OS ESPAÇOS E FORME PALAVRAS QUE INICIEM COM A LETRA **S**, COMO EM **S**APO.

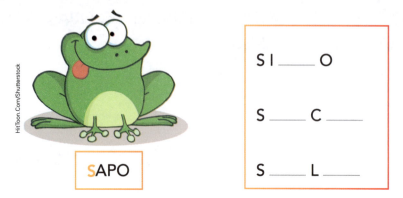

2 DESEMBARALHE AS SÍLABAS DOS QUADROS E ESCREVA AS PALAVRAS QUE VOCÊ DESCOBRIR.

3 AGORA, DESEMBARALHE AS LETRAS E ESCREVA AS PALAVRAS ENCONTRADAS.

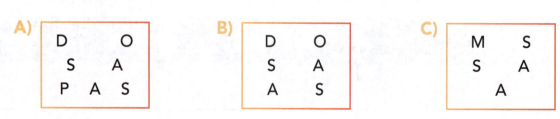

PALAVRAS EM JOGO

CRUZADINHA DO X

1 OBSERVE O MODELO PARA COMPLETAR A **CRUZADINHA**.

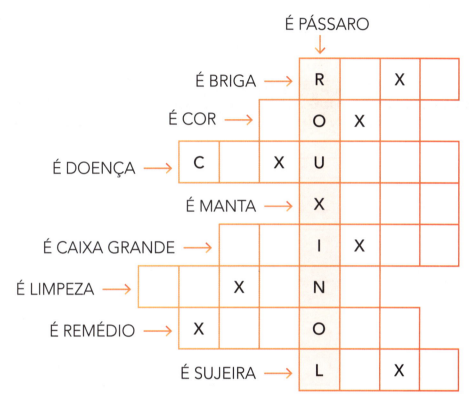

2 ORGANIZE AS SÍLABAS PARA FORMAR PALAVRAS QUE DÃO NOME ÀS FIGURAS.

| PU | XAM |

| XO | CAI | TE |

| XE | ME | CA | RI |

MESMO SOM, OUTRAS LETRAS: X E CH

1 REESCREVA AS PALAVRAS DO QUADRO NAS COLUNAS CORRETAS.

PUXAR	CHUTAR	GRAXA	ENGRAXATE	LANCHE
MACHUCAR	ENXURRADA	CHUCHU	MEXER
BOLACHA	CHAVE	ROXO	BICHO	LIXA

PALAVRAS COM X, COMO EM XIQUE-XIQUE	PALAVRAS COM CH, COMO EM CHIQUE

2 FAÇA A LEITURA E DIVIRTA-SE COM O SOM DAS PALAVRAS.

XIQUE-XIQUE

CADÊ MEU RELÓGIO, QUE EU BOTEI NO **CHÃO**?
FAZER **XIQUE-XIQUE** COM ELE NA MÃO,
BOTEI NO OUVIDO PARA ESCUTAR
FAZER **XIQUE-XIQUE** PRA LÁ E PRA CÁ.

PALAVRA CANTADA. CD **CANÇÕES DO BRASIL**. PRODUÇÃO DE SANDRA PERES E PAULO TATIT, 2001. FAIXA 12. (CANÇÃO DE DOMÍNIO PÚBLICO.)

PALAVRAS EM JOGO

1 CINCO AMIGAS VÃO PASSEAR NO ZOOLÓGICO.

CADA UMA DEVE PASSAR PELA PLACA QUE TEM A **SÍLABA** COM Z IGUAL À DE SEU NOME.

TRACE O CAMINHO DE CADA MENINA.

PALAVRAS EM JOGO

1 OBSERVE AS IMAGENS E USE AS SÍLABAS ABAIXO PARA ESCREVER O NOME DE CADA UMA DELAS.

DICA: TODAS AS PALAVRAS TÊM A LETRA **Q**.

QUI	QUE	LO	TA	TO	A	XO	ES	LE
QUÁ	LE	ZE	O	QUI	QUIN	QUE	RI	

_____   _____   _____

PALAVRAS EM JOGO

1 LEIA A QUADRINHA.

> PALAVRAS COM AS LETRAS **K**, **W** E **Y**
> SÃO RARAS EM PORTUGUÊS.
> POR ISSO VOU AQUI COLECIONÁ-LAS
> E FAZER MEU ÁLBUM DE UMA VEZ!
>
> TEXTO ESCRITO PELAS AUTORAS.

PESQUISE, EM JORNAIS E REVISTAS, PALAVRAS E NOMES COM AS LETRAS **K**, **W** E **Y**. ESCREVA NAS LINHAS A SEGUIR 3 PALAVRAS COM CADA UMA DESSAS LETRAS.

_____

_____

_____

A B C D E F G H I J K L M N O P Q R S T U V W X Y Z

EDU

Edu

 TRAÇADO DA LETRA

1 LEIA E TRACE.

SIGA ADIANTE
ATÉ ENCONTRAR O ELEFANTE.
DEPOIS DA BRINCADEIRA,
FECHE A PORTEIRA.

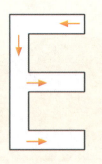 

E _____

2 ENCONTRE E CIRCULE A LETRA E NO ALFABETO DA LATERAL DA PÁGINA.

 MEMÓRIA EM JOGO

24

IVO

Ivo

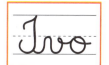

🍊 TRAÇADO DA LETRA

1 LEIA E TRACE.

O I É UMA LETRA COMPRIDA, É SÓ ESCORREGAR NA DESCIDA.

2 ENCONTRE E CIRCULE A LETRA I NO ALFABETO DA LATERAL DA PÁGINA.

🍊 MEMÓRIA EM JOGO

Camila de Godoy/Arquivo da editora

25

OLÍVIA

Olívia

🍊 **TRAÇADO DA LETRA**

1 LEIA E TRACE.

UMA LETRA REDONDINHA
É O QUE EU QUERO:
COMEÇA ONDE TERMINA,
PARECE COM O ZERO.

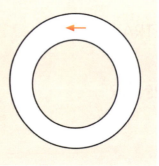 

O

2 ENCONTRE E CIRCULE A LETRA O NO ALFABETO DA LATERAL DA PÁGINA.

🍊 **MEMÓRIA EM JOGO**

26

ULISSES

Ulisses

 TRAÇADO DA LETRA

1 LEIA E TRACE.

PARA ESCREVER A LETRA U,
CAIA EM UM BURACO FUNDO,
DÊ MEIA-VOLTA
E VOLTE PARA O MUNDO.

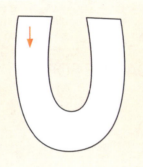

2 ENCONTRE E CIRCULE A LETRA U NO ALFABETO DA LATERAL DA PÁGINA.

 MEMÓRIA EM JOGO

Camila de Godoy/Arquivo da editora

A
B
C
D
E
F
G
H
I
J
K
L
M
N
O
P
Q
R
S
T
U
V
W
X
Y
Z

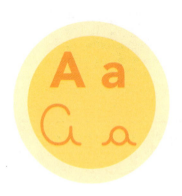

ALINE

Aline

🍊 **TRAÇADO DA LETRA**

1. LEIA E TRACE.

O **A** – FIQUE ALERTA –
É UMA ESCADA QUE SOBE E DESCE
E FICA ABERTA.

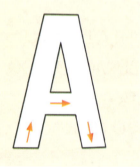 

A _____

2. ENCONTRE E CIRCULE A LETRA **A** NO ALFABETO DA LATERAL DA PÁGINA.

🍊 **MEMÓRIA EM JOGO**

28

BIA

Bia

 TRAÇADO DA LETRA

1 LEIA E TRACE.

BORBOLETA ESCORREGA,
MAS NÃO CAI.
NASCE UMA ASA,
NASCE OUTRA ASA E SAI.

B _____

2 ENCONTRE E CIRCULE A LETRA B NO ALFABETO DA LATERAL DA PÁGINA.

MEMÓRIA EM JOGO

A B C D E F G H I J K L M N O P Q R S T U V W X Y Z

PAULA

Paula

🍊 **TRAÇADO DA LETRA**

① LEIA E TRACE.

A LETRA P SE FAZ ASSIM: UMA GRANDE DESCIDA E UMA PEQUENA E REDONDA BARRIGA!

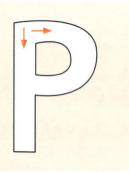

P _____

② ENCONTRE E CIRCULE A LETRA P NO ALFABETO DA LATERAL DA PÁGINA.

🍊 **MEMÓRIA EM JOGO**

30

DANIELA

Daniela

🍊 TRAÇADO DA LETRA

1 LEIA E TRACE.

O LÁPIS SOBE E DESCE, VOLTA AO PONTO DE PARTIDA E DESENHA UMA CURVA NA OUTRA DESCIDA.

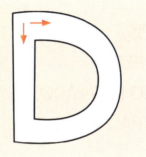 

D _____

2 ENCONTRE E CIRCULE A LETRA D NO ALFABETO DA LATERAL DA PÁGINA.

🍊 MEMÓRIA EM JOGO

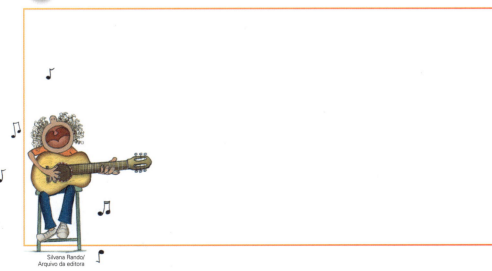

31

A B C D E F G H I J K L M N O P Q R S T U V W X Y Z

TATIANA

Tatiana

🍊 TRAÇADO DA LETRA

1 LEIA E TRACE.

DESÇO O LÁPIS,
TRAÇO UMA RETA.
SUBO E TRAÇO PRO LADO,
FORMO A LETRA T COMPLETA.

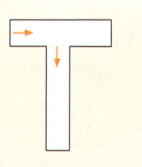

T

2 ENCONTRE E CIRCULE A LETRA T NO ALFABETO DA LATERAL DA PÁGINA.

🍊 MEMÓRIA EM JOGO

32

FELIPE

Felipe

 TRAÇADO DA LETRA

1 LEIA E TRACE.

O **F** É FÁCIL DE MONTAR: UMA LINHA QUE DESCE E DUAS DO LADO PARA ACABAR.

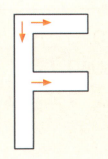 

F _____

2 ENCONTRE E CIRCULE A LETRA **F** NO ALFABETO DA LATERAL DA PÁGINA.

 **MEMÓRIA EM JOGO**

A B C D E F G H I J K L M N O P Q R S T U V W X Y Z

33

A B C D E F G H I J K L M N O P Q R S T U V W X Y Z

VERA

Vera

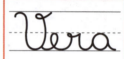

 TRAÇADO DA LETRA

1 LEIA E TRACE.

PRO MEIO DESÇO,
PARO, OLHO E SUBO.
COMO VOCÊ VÊ,
VIRO A LETRA V.

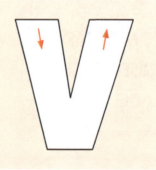

V

2 ENCONTRE E CIRCULE A LETRA V NO ALFABETO DA LATERAL DA PÁGINA.

 MEMÓRIA EM JOGO

34

C c
C c

CAIO

Caio

🍊 TRAÇADO DA LETRA

1 LEIA E TRACE.

VAMOS DAR UMA GRANDE VOLTA.
PARECE QUE VAI FECHAR,
MAS FICA UMA PORTA ABERTA
PARA QUEM QUISER ENTRAR.

C _____

2 ENCONTRE E CIRCULE A LETRA **C** NO ALFABETO DA LATERAL DA PÁGINA.

🍊 MEMÓRIA EM JOGO

35

A B C D E F G H I J K L M N O P Q R S T U V W X Y Z

GABI

Gabi

🍊 **TRAÇADO DA LETRA**

❶ LEIA E TRACE.

SUBINDO E VIRANDO ESCORREGAMOS SEM PARAR. MAS, AO SUBIR NOVAMENTE, TEMOS QUE DESISTIR E ENTRAR.

G

❷ ENCONTRE E CIRCULE A LETRA G NO ALFABETO DA LATERAL DA PÁGINA.

🍊 **MEMÓRIA EM JOGO**

36

JOÃO

João

🍊 TRAÇADO DA LETRA

1 LEIA E TRACE.

PARA A LETRA J
UM RISCO DESCE CONTENTE,
FAZ UMA CURVA
E PARA DE REPENTE.

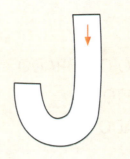 

J

2 ENCONTRE E CIRCULE A LETRA J NO ALFABETO DA LATERAL DA PÁGINA.

🍊 MEMÓRIA EM JOGO

A B C D E F G H I J K L M N O P Q R S T U V W X Y Z

A B C D E F G H I J K L M N O P Q R S T U V W X Y Z

LEO

Leo

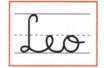

🍊 TRAÇADO DA LETRA

1 LEIA E TRACE.

NA LETRA **L**
TEM UM RISCO QUEBRADO
QUE DESCE RETO
E VIRA PRO LADO.

L

2 ENCONTRE E CIRCULE A LETRA **L** NO ALFABETO DA LATERAL DA PÁGINA.

🍊 MEMÓRIA EM JOGO

MARIANA

Mariana

🍊 **TRAÇADO DA LETRA**

1 LEIA E TRACE.

SOBE E DESCE,
SOBE E DESCE…
E A LETRA **M**
LOGO APARECE.

 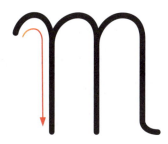

M

2 ENCONTRE E CIRCULE A LETRA **M** NO ALFABETO DA LATERAL DA PÁGINA.

🍊 **MEMÓRIA EM JOGO**

39

A B C D E F G H I J K L M N O P Q R S T U V W X Y Z

NOÉ

Noé

🍊 **TRAÇADO DA LETRA**

1 LEIA E TRACE.

SOBE, DESCE
E TORNA A SUBIR.
É ASSIM QUE A LETRA N
VAI SURGIR.

N

2 ENCONTRE E CIRCULE A LETRA N NO ALFABETO DA LATERAL DA PÁGINA.

🍊 **MEMÓRIA EM JOGO**

HELENA

Helena

TRAÇADO DA LETRA

1 LEIA E TRACE.

UM RISCO AQUI,
UM RISCO ALI,
UM TRAÇO NO MEIO
PARA UNIR.

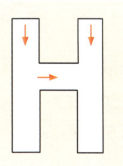

H

2 ENCONTRE E CIRCULE A LETRA **H** NO ALFABETO DA LATERAL DA PÁGINA.

MEMÓRIA EM JOGO

A B C D E F G H I J K L M N O P Q R S T U V W X Y Z

41

A B C D E F G H I J K L M N O P Q R S T U V W X Y Z

RENÊ

Renê

 TRAÇADO DA LETRA

1 LEIA E TRACE.

ESCORREGUE E FAÇA UMA BARRIGA, MAS NÃO SE ESQUEÇA DO TRAÇO NA SAÍDA.

R

2 ENCONTRE E CIRCULE A LETRA **R** NO ALFABETO DA LATERAL DA PÁGINA.

MEMÓRIA EM JOGO

SARA

Sara

🍊 TRAÇADO DA LETRA

1 LEIA E TRACE.

PARA FAZER A LETRA S
SEU LÁPIS VAI DANÇAR:
FAZ UMA CURVA PRA LÁ,
FAZ UMA CURVA PRA CÁ.

S

2 ENCONTRE E CIRCULE A LETRA S NO ALFABETO DA LATERAL DA PÁGINA.

🍊 MEMÓRIA EM JOGO

43

XAVIER

Xavier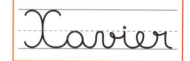

🍊 **TRAÇADO DA LETRA**

① LEIA E TRACE.

PARA FAZER A LETRA X,
NÃO TEM COMO ERRAR:
SÃO DOIS TRAÇOS RETOS,
SÓ PRECISA NO MEIO CRUZAR.

② ENCONTRE E CIRCULE A LETRA X NO ALFABETO DA LATERAL DA PÁGINA.

🍊 **MEMÓRIA EM JOGO**

ZÉLIA

Zélia

 TRAÇADO DA LETRA

1 LEIA E TRACE.

O LÁPIS FAZ LINHA RETA, DESCE PARA O OUTRO LADO, VOLTA A FAZER LINHA RETA E O Z ESTÁ TERMINADO.

Z

2 ENCONTRE E CIRCULE A LETRA Z NO ALFABETO DA LATERAL DA PÁGINA.

 **MEMÓRIA EM JOGO**

A B C D E F G H I J K L M N O P Q R S T U V W X Y Z

45

QUIRINO

Quirino

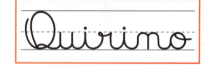

🍊 TRAÇADO DA LETRA

1 LEIA E TRACE.

VIRANDO ATÉ FECHAR
A LETRA **O** PODEMOS FAZER.
SE TRAÇAR UM RABICHO
A LETRA **O** VIRA A LETRA **Q**.

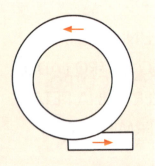

Q

2 ENCONTRE E CIRCULE A LETRA **Q** NO ALFABETO DA LATERAL DA PÁGINA.

🍊 MEMÓRIA EM JOGO

46

KAUÊ

Kauê

 TRAÇADO DA LETRA

1 LEIA E TRACE.

IR EM LINHA RETA É COMUM,
TODOS SABEM FAZER.
MAS, QUANDO O OUTRO
ENCONTRA O UM,
SÓ DESVIANDO PARA NÃO BATER.

K

2 ENCONTRE E CIRCULE A LETRA K NO ALFABETO DA LATERAL DA PÁGINA.

 **MEMÓRIA EM JOGO**

A B C D E F G H I J K L M N O P Q R S T U V W X Y Z

YARA

Yara

🍊 **TRAÇADO DA LETRA**

1 LEIA E TRACE.

DESÇO IGUAL AO **V**,
TRAÇO OUTRA RETA,
PASSO PELO MEIO.
SOU UM **Y**, VEJA VOCÊ!

Y

2 ENCONTRE E CIRCULE A LETRA Y NO ALFABETO DA LATERAL DA PÁGINA.

🍊 **MEMÓRIA EM JOGO**

48

WESLEY

Wesley

 TRAÇADO DA LETRA

1 LEIA E TRACE.

VOCÊ JÁ TRAÇOU O **V**?
ENTÃO NÃO VAI ERRAR:
FAÇA DUAS LETRAS **V**,
JUNTAS, SEM DESGRUDAR.

W

2 ENCONTRE E CIRCULE A LETRA **W** NO ALFABETO DA LATERAL DA PÁGINA.

 MEMÓRIA EM JOGO

A B C D E F G H I J K L M N O P Q R S T U V W X Y Z

49

CHEGOU O FINAL DO ANO!

É DIA DA BRINCADEIRA DO AMIGO-SECRETO DOS ALUNOS QUE VOCÊ CONHECEU NESTE LIVRO AO LONGO DO ANO.

ENCONTRE O PRESENTE QUE CADA UM GANHOU E ESCREVA O NOME DO OBJETO NA FRENTE DO NOME DE CADA ALUNO.

DICA: O PRESENTE DEVE COMEÇAR COM A MESMA LETRA DO NOME.

1. ALINE	_____	
2. BIA	_____	
3. CAIO	_____	
4. DANIELA	_____	
5. EDU	_____	
6. FELIPE	_____	
7. GABI	_____	
8. HELENA	_____	
9. IVO	_____	
10. JOÃO	_____	
11. KAUÊ	_____	

Ilustrações: Silvana Rando/Arquivo da editora

12. LEO	_____	
13. MARIANA	_____	
14. NOÉ	_____	
15. OLÍVIA	_____	
16. PAULA	_____	
17. QUIRINO	_____	
18. RENÊ	_____	
19. SARA	_____	
20. TATIANA	_____	
21. ULISSES	_____	
22. VERA	_____	
23. WESLEY	_____	
24. XAVIER	_____	
25. YARA	_____	
26. ZÉLIA	_____	

DESAFIO

1 ESCREVA, COMO SOUBER, O NOME DE CADA FRUTA DA FRUTEIRA. VEJA O EXEMPLO.

LARANJA

2 ESCREVA O NOME DE CADA BICHO COMO SOUBER. VEJA O EXEMPLO.

GALO

3 ESCREVA O NOME DESTES OBJETOS COMO SOUBER. VEJA O EXEMPLO.

CADEIRA

4 ESCREVA O NOME DE CADA ALIMENTO QUE VOCÊ DESCOBRIR NESTE PRATO. VEJA O EXEMPLO.

BATATA

5 ESCREVA O NOME DESTES MATERIAIS ESCOLARES COMO SOUBER. VEJA O EXEMPLO.

_____   _____   ESQUADRO